Diseño:
Amanda Barlow

OSITOLANDIA

Redacción:
Jenny Tyler

Phil Roxbee Cox

Traducción:
Irene Saslavsky

Fotografía:
Howard Allman

¡BIENVENIDO A OSITOLANDIA!

Al explorar el libro, encontrarás que en cada doble página hay dos imágenes que parecen iguales... fíjate bien. Hay DIEZ diferencias entre las dos imágenes: ¡en total hay 120 en todo el libro! ¿Puedes encontrar todas las diferencias? También hay que encontrar cuatro mariposas en cada imagen y responder a las preguntas.

OBJETO PERDIDO

Noticias
de Ositolandia

OBJETO PERDIDO

El *Expreso de Ositolandia* está a punto de partir.

4   Descubre las diez diferencias.

No te olvides de buscar las cuatro mariposas.

¿Puedes encontrar a un osito, comiéndose un bocadillo?

El tren pasa junto a una obra.

Los ositos albañiles están muy atareados.

Estos ositos se están divirtiendo en el colegio.

8 Están pintando, dibujando y haciendo maquetas.

10   Los ositos panaderos están haciendo pasteles y galletas.

Los ositos mecánicos están arreglando coches.

El tren pasa resoplando junto a la puerta abierta.

¿Cuántas tazones ves?

¿Ves alguna cosa que venga de la panadería de Ositolandia? 13

En el campo hay ositos granjeros trabajando en los prados.

14 No te olvides de las diez diferencias y las cuatro mariposas.

¿Ves nueve polluelos amarillos?

¿Cuántas ovejas tienen la cara negra?

El cielo está lleno de cometas y globos de alegres colores.

El *Expreso de Ositolandia* atraviesa un puente.

Cuántos osos van en globo?

La playa está llena de gente y todos disfrutan del sol y del mar.

Aquí podrás ir en barco, bañarte y también comer helados.

En la tienda hay mucho donde elegir.

Los ositos que van de compras se paran a charlar.

Descubre seis animalitos de madera en los estantes.

Vuelve a la página 19 y busca una lata de zumo como las que hay en esta tienda.   21

Es la hora de las visitas en el hospital.

22 El osito que está en la cama ha recibido muchas tarjetas y regalos.

Busca un racimo de uvas y un dibujo de una abeja.

No te olvides de encontrar las diez diferencias.

El *Expreso de Ositolandia* atraviesa el río.

24 El río está lleno de barcas.

¿Cuántos ositos hay montados en el tren?

El tren se detiene en el bosque para que los ositos merienden.

26   Ha llegado la hora de jugar, trepar a los árboles y divertirse.

RESPUESTAS

La estación del ferrocarril páginas 4 y 5

La obra páginas 6 y 7

El colegio páginas 8 y 9

La panadería páginas 10 y 11

El garaje páginas 12 y 13

La granja páginas 14 y 15

El aeródromo páginas 16 y 17

La playa páginas 18 y 19

La tienda páginas 20 y 21

El hospital páginas 22 y 23

Junto al río páginas 24 y 25

El bosque páginas 26 y 27

MÁS COSAS QUE ENCONTRAR

Ahora que has encontrado todas las diferencias y todas las mariposas, intenta encontrar estos objetos en Ositolandia. Algunos son mucho más difíciles de encontrar que otros, de modo que has de buscar con cuidado.

tenedor   barca   cuerda enrollada   cactus

tambor   guitarra   uvas   caja de herramientas

helado   frasco   remolcador   cubo

Intenta encontrarlos todos; sólo has de contar los que aparecen en las imágenes de las páginas de la derecha.

10 tazones	5 cometas
9 barcas	4 destornilladores
8 bocadillos	3 puentes
7 cestas de mimbre	2 tijeras
6 cubos	1 aleta de tiburón

El osito que está detrás de la ventanilla en la página 1 es el maquinista del *Expreso de Ositolandia*. Suele llevar una gorra azul. ¿En cuántas imágenes aparece? (No aparece en todas).

AGRADECIMIENTOS

Deseamos agradecer a las siguientes empresas por permitirnos usar sus productos en Ositolandia.
(Todas las direcciones son del Reino Unido.)

Ositos de peluche

Grove International (UK) Ltd. Notting Hill Way, Weare, Somerset, BS26 2JU

International Bon Ton Toys UK, 8 Malborough Way, Market Harborough, Leicestershire, LE16 7LW (para los juguetes de peluche también)

Merrythought Ltd, Ironbridge, Telford, Shropshire, TF8 7NJ

Metro UK Ltd, Thirsk Industrial Park, York Road, Thirsk, YO7 3BX

Perkins Group Services Ltd, 42 Cobham Road, Ferndown Industrial Estate, Ferndown, Dorset, BH21 7QG

Russ Berrie (UK) Ltd, Southampton, Hampshire, SO16 OYU

Juguetes de peluche

Furrytails, First Floor, Standard House, 26-28 Standard Road, Park Royal, Londres, NW10 6JC

Ravensden plc, Ravensden Farm, Bedford Road, Rushden, Northamptonshire, NN10 OSQ (para los animales en plástico también)

Locomotora a vapor

Chris Lamb, 18 Spoondell, Dunstable, Bedfordshire, LU6 3JE

Barcas

Natural World, 33-41 The Promenade, Cheltenham, GLO 1LE

Skipper Yatchs Ltd, Granary Yatch Harbour, Dock Lane, Melton, Suffolk, IP12 1PE

Coches

Bburago, Riko International Ltd, 13-15A High Street, Hemel Hempstead, HP1 3AD

Tractores

Euro Toys and Models Ltd, Euro House, Llansantffraid, Powys, SY22 6BH

Avión

Le Toy Van Ltd, 102-104 Church Road, Teddington, Middlesex, TW11 8PY

Accesorios

Brio Ltd, Messenger Close, Loughborough, Leicestershire, LE11 5SP

The English Teddy Bear Company, Company Headquarters, 5 Miles Buildings, George Street, Bath, BA1 2QS

Tom Smith Group Ltd, Salhouse Road, Norwich, NR7 9AS

Magia fotográfica: John Russell
Creación de figuras modeladas : Jo Litchfield, Stefan Barnet y Shelley Sanger
Redacción en español: Noemí Rey y Jill Phythian
Agradecimientos a Ian Gulliver, Rupert Heath y al alcalde de Ositolandia.

Tomar nota: La inclusión de un producto en Ositolandia no significa necesariamente que éste sea un juguete, o que su uso sea adecuado para los niños pequeños. Varios de los productos que aparecen en el libro son maquetas u objetos para coleccionar, y no están sujetos a las normas de seguridad infantil. Se ha hecho todo lo posible para localizar a los fabricantes de los productos que aparecen en este libro. Los editores se disculpan por cualquier omisión en sus agradecimientos y, una vez que hayan sido notificados al respecto, procederán a rectificarlo en la siguiente edición de Ositolandia. Algunos productos se han modificado ligeramente para incluirlos en Ositolandia.

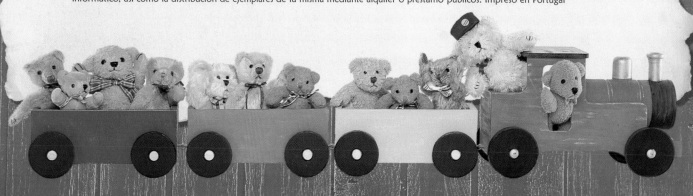